Botanisch Malbuch

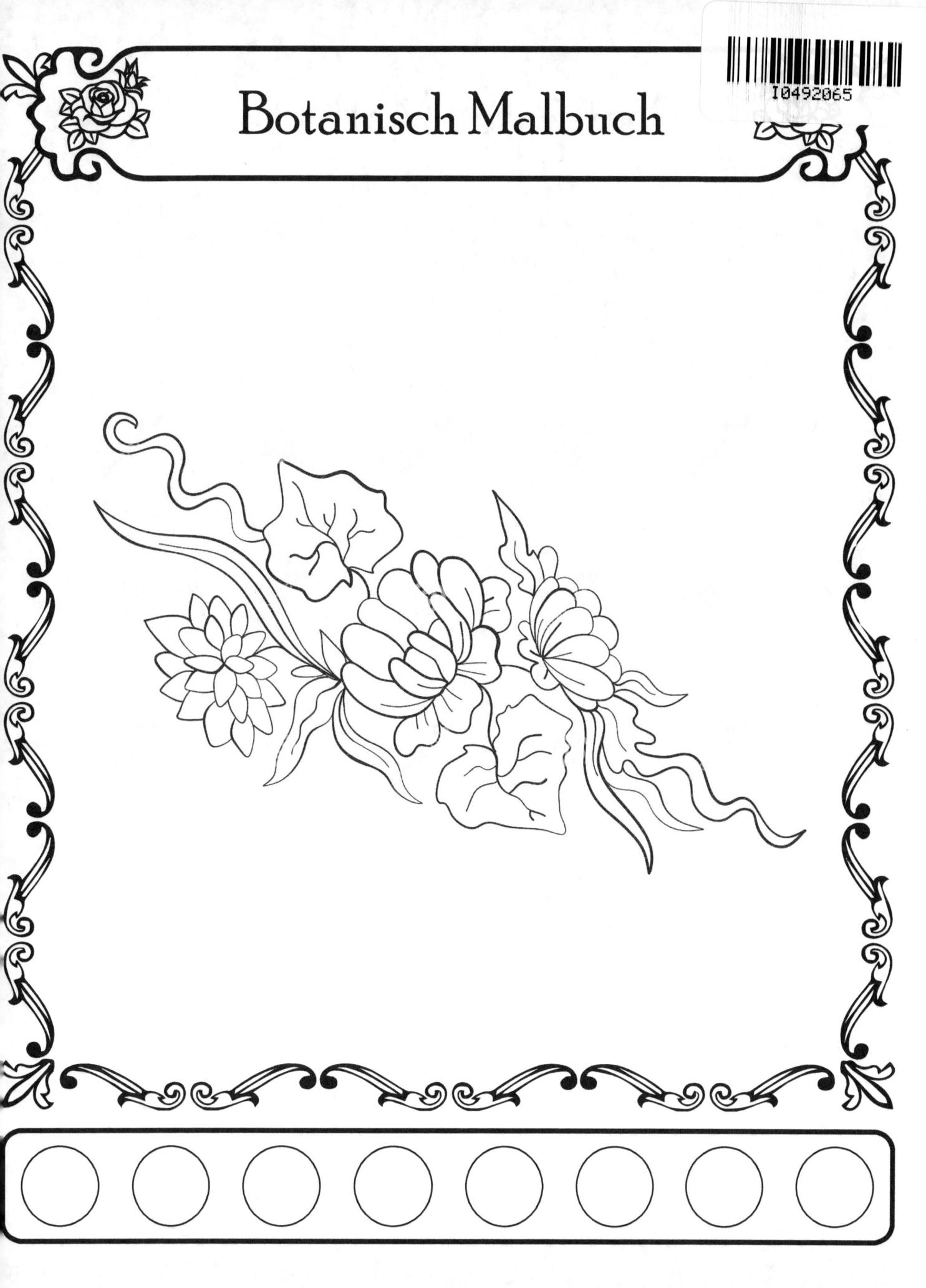

Botanisch Malbuch

Botanisch Malbuch

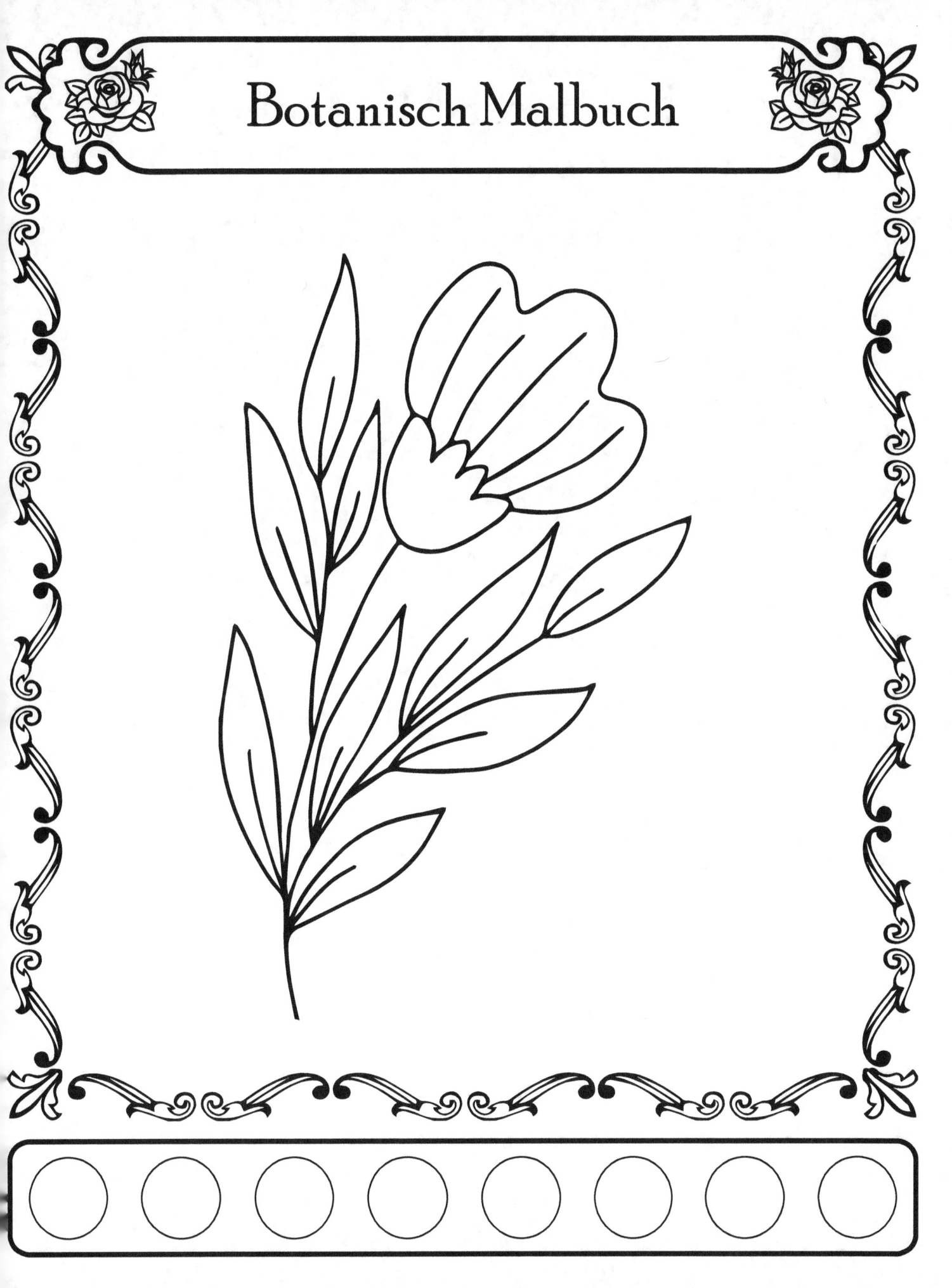

Botanisch Malbuch

Botanisch Malbuch

Botanisch Malbuch

Botanisch Malbuch

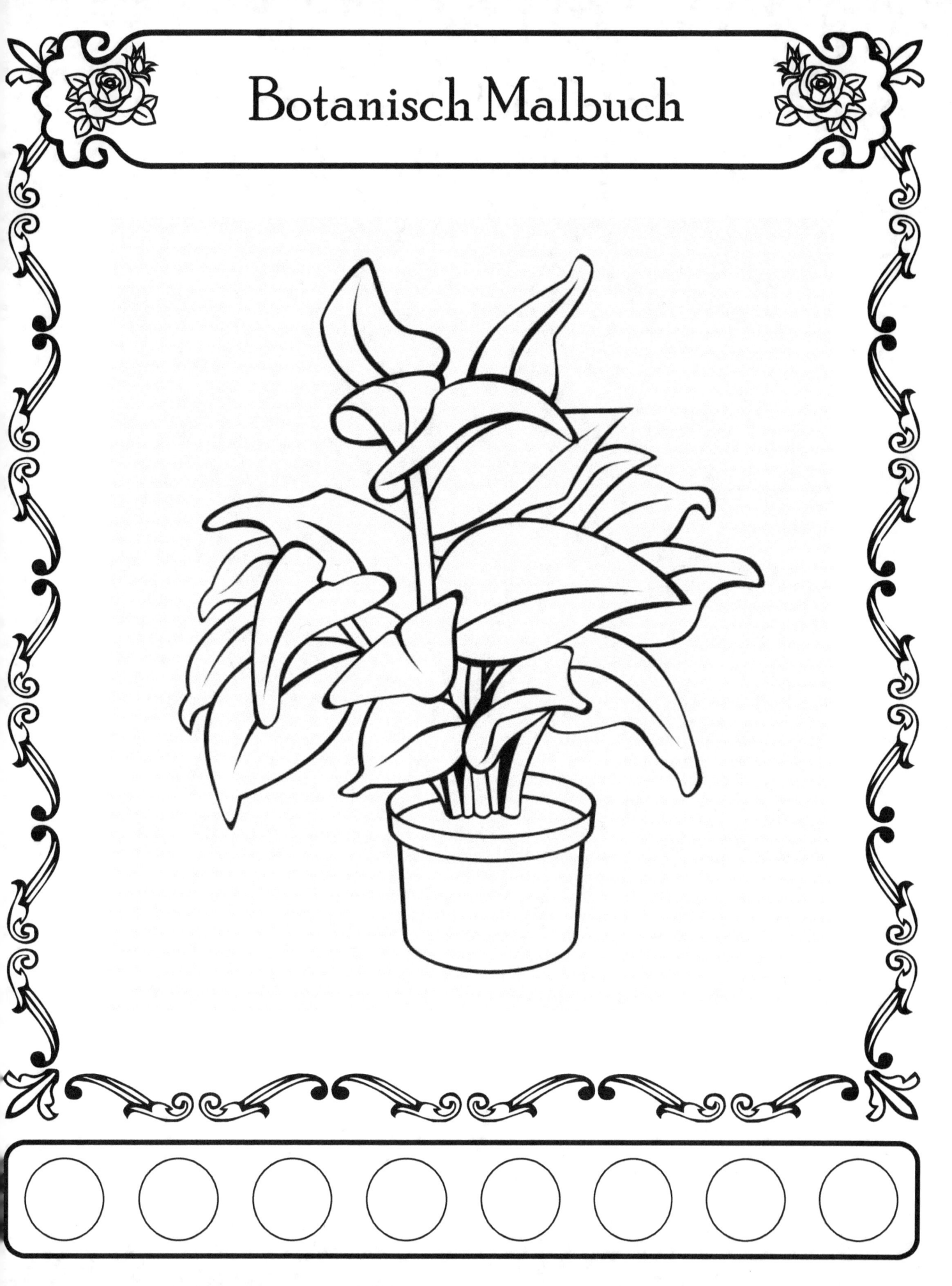

Botanisch Malbuch

Botanisch Malbuch

Botanisch Malbuch

Botanisch Malbuch

Botanisch Malbuch

Botanisch Malbuch

Botanisch Malbuch

Botanisch Malbuch

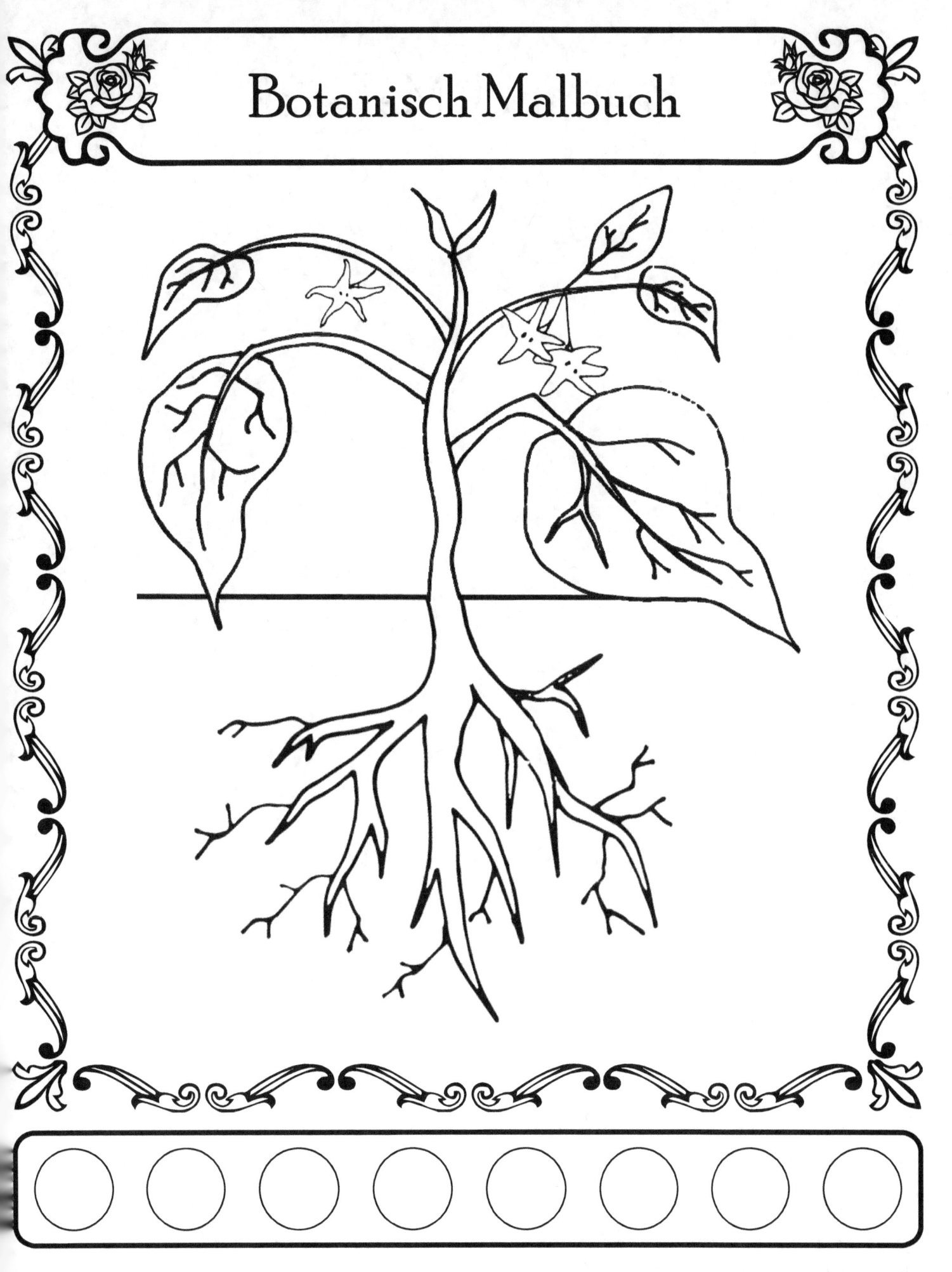

Botanisch Malbuch

Botanisch Malbuch

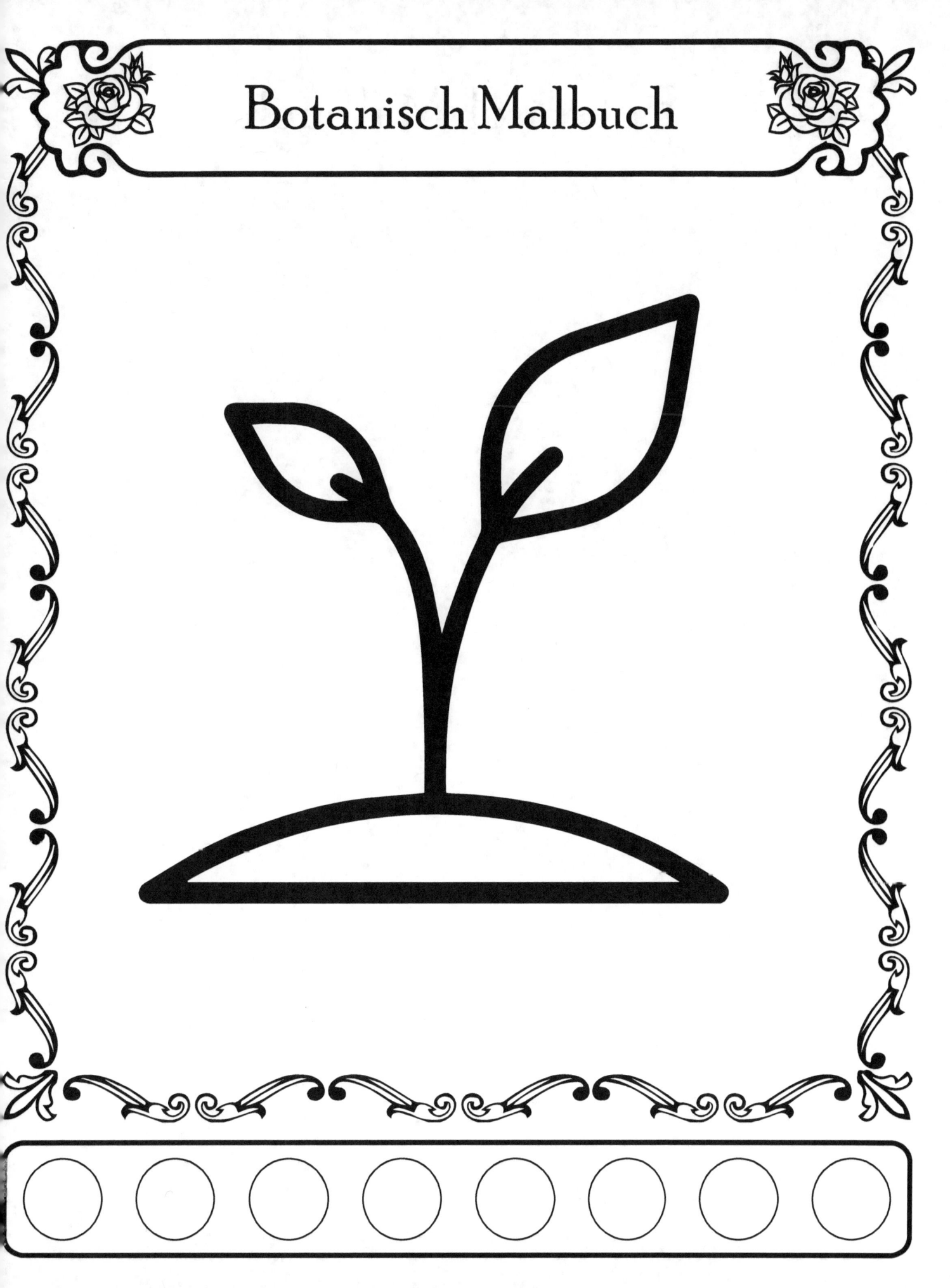

Botanisch Malbuch

Botanisch Malbuch

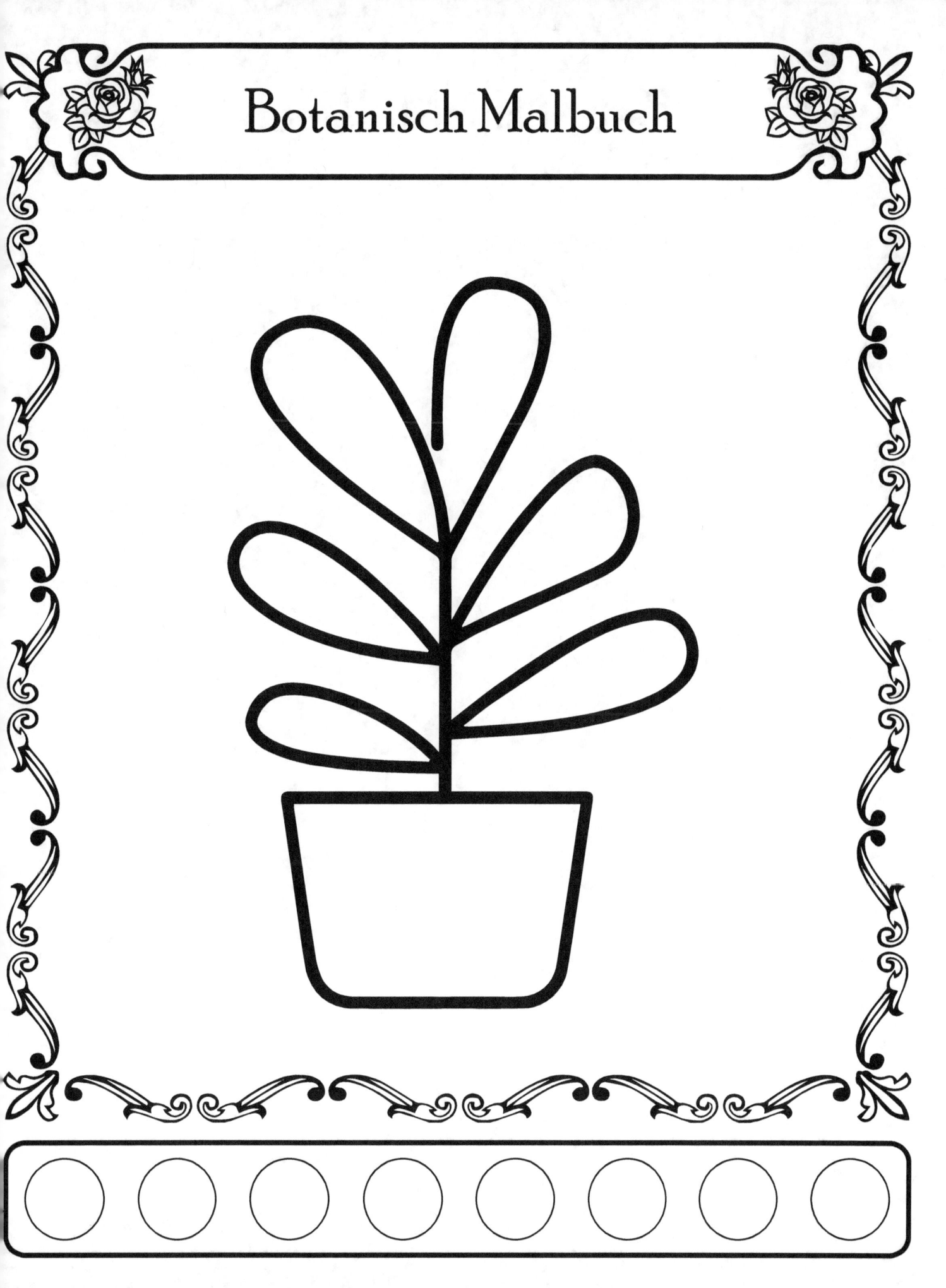

Botanisch Malbuch

Botanisch Malbuch

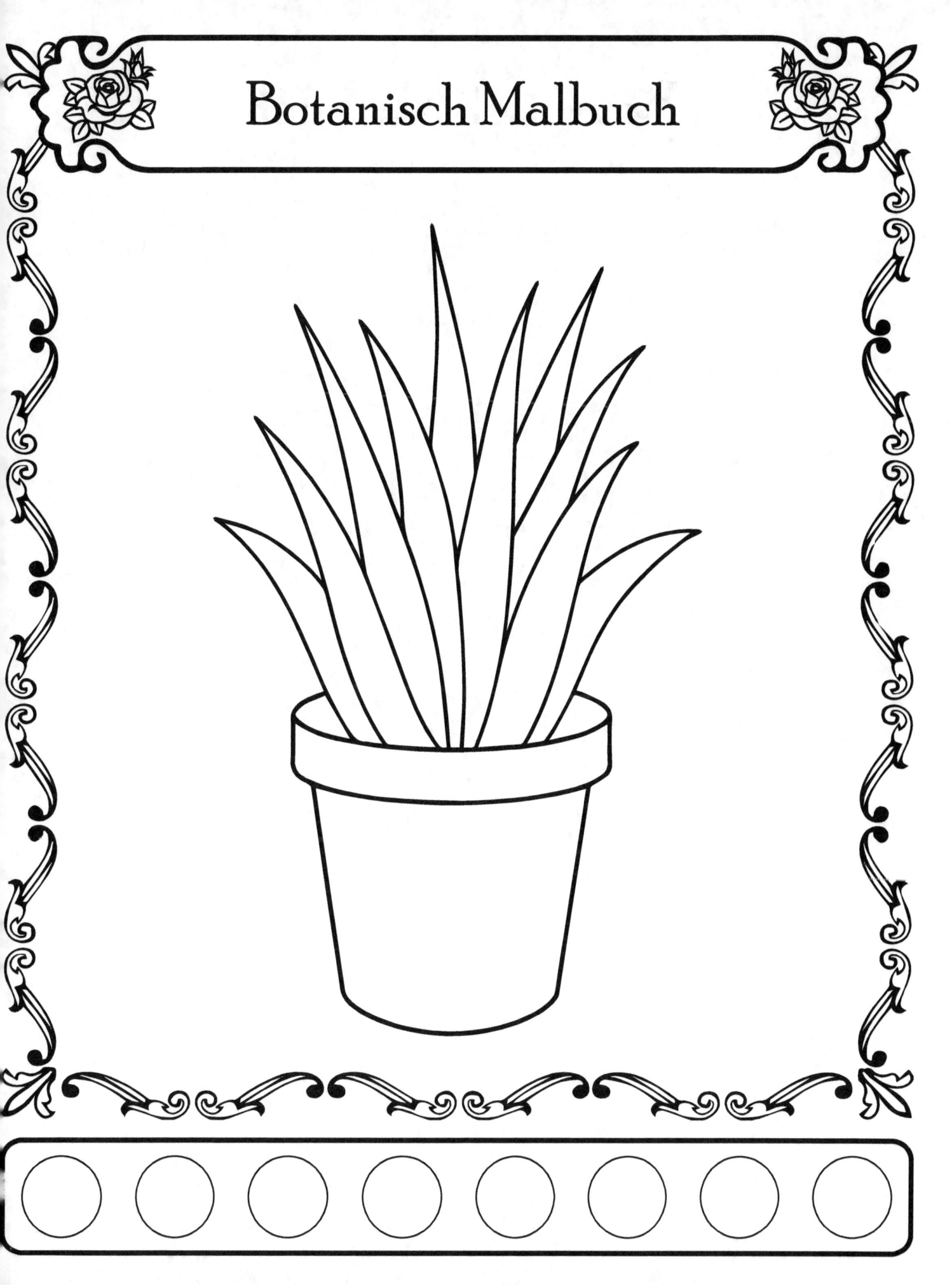

Botanisch Malbuch

Botanisch Malbuch

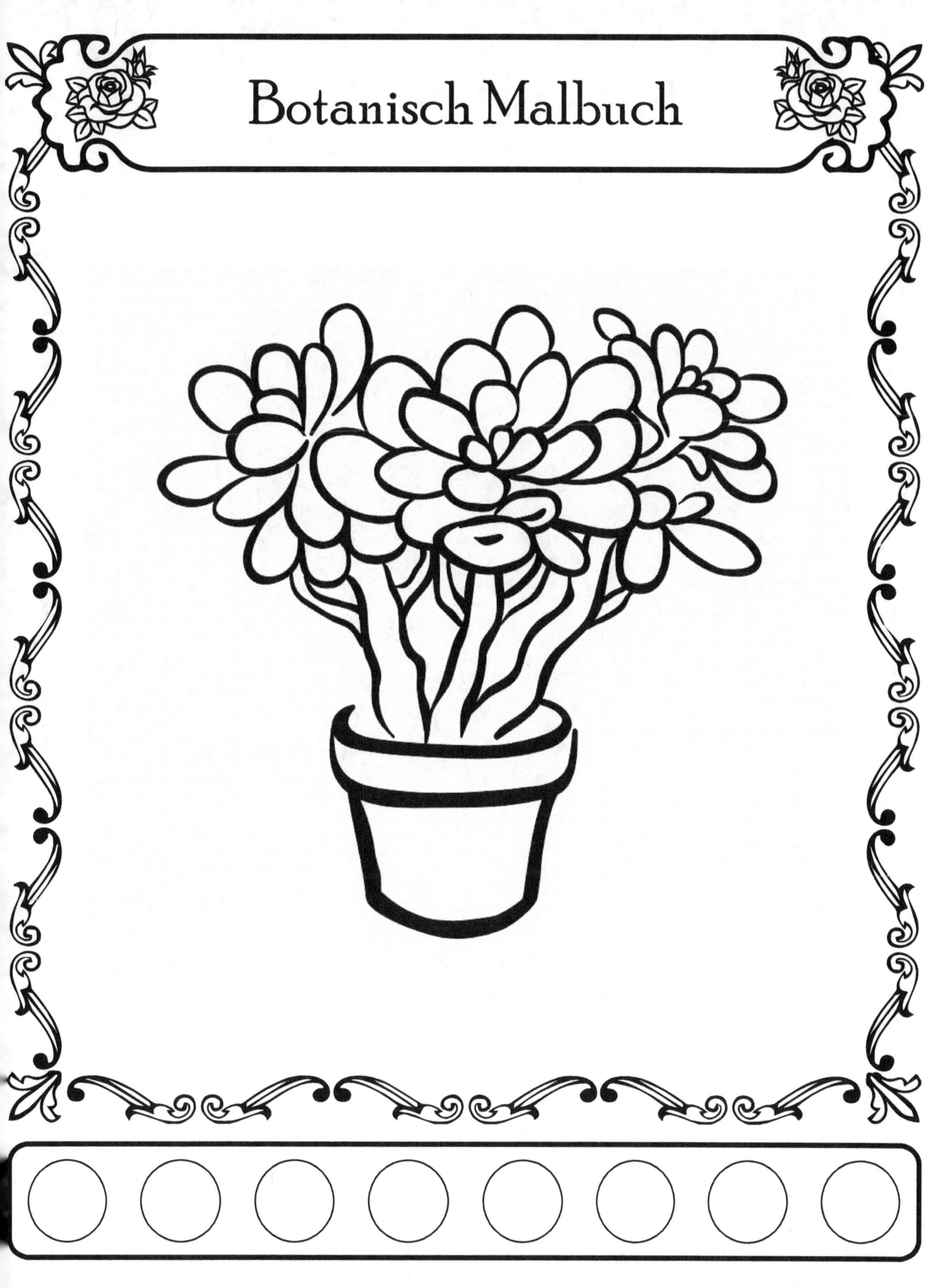

Botanisch Malbuch

Botanisch Malbuch

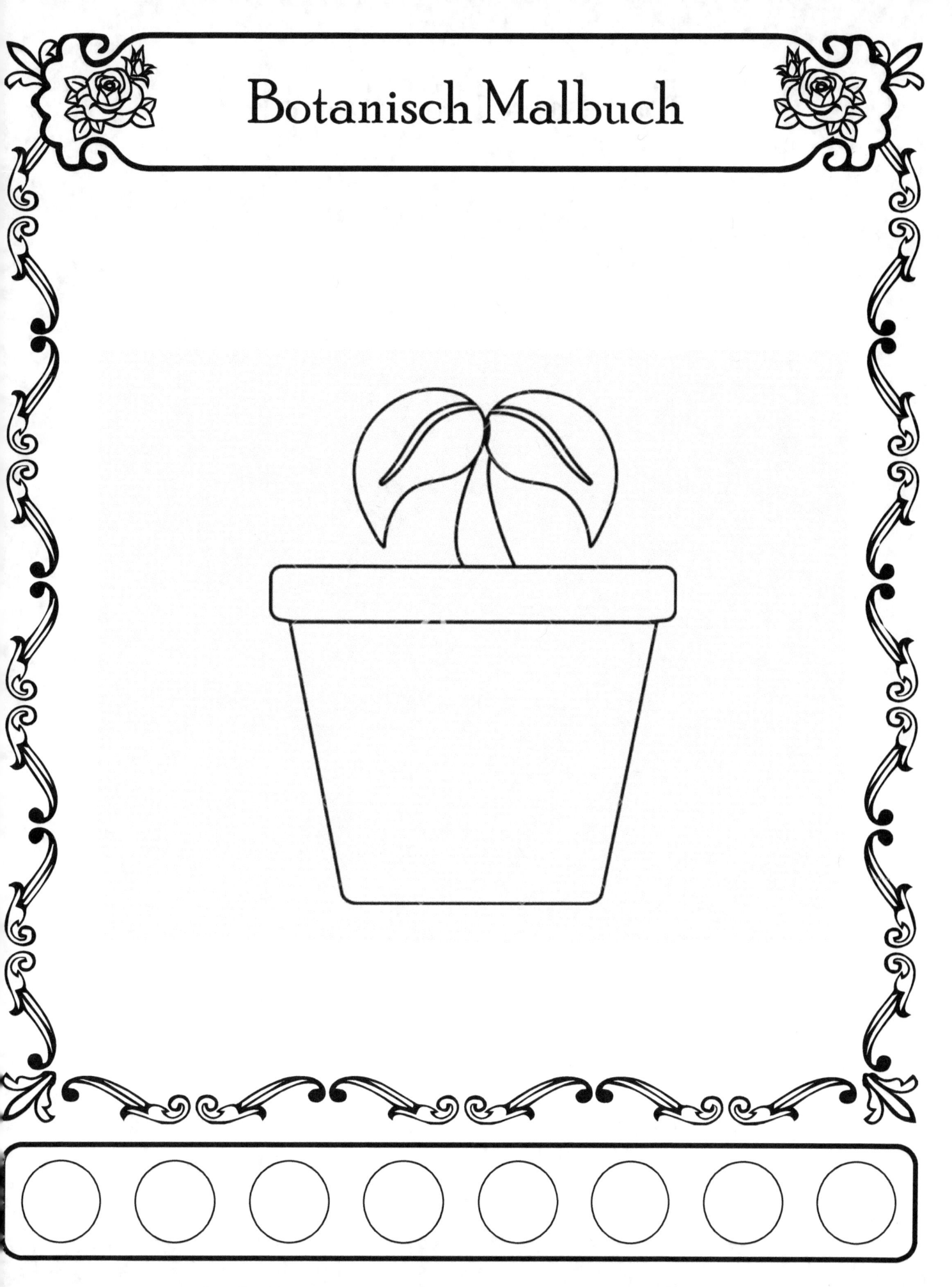

Botanisch Malbuch

Botanisch Malbuch

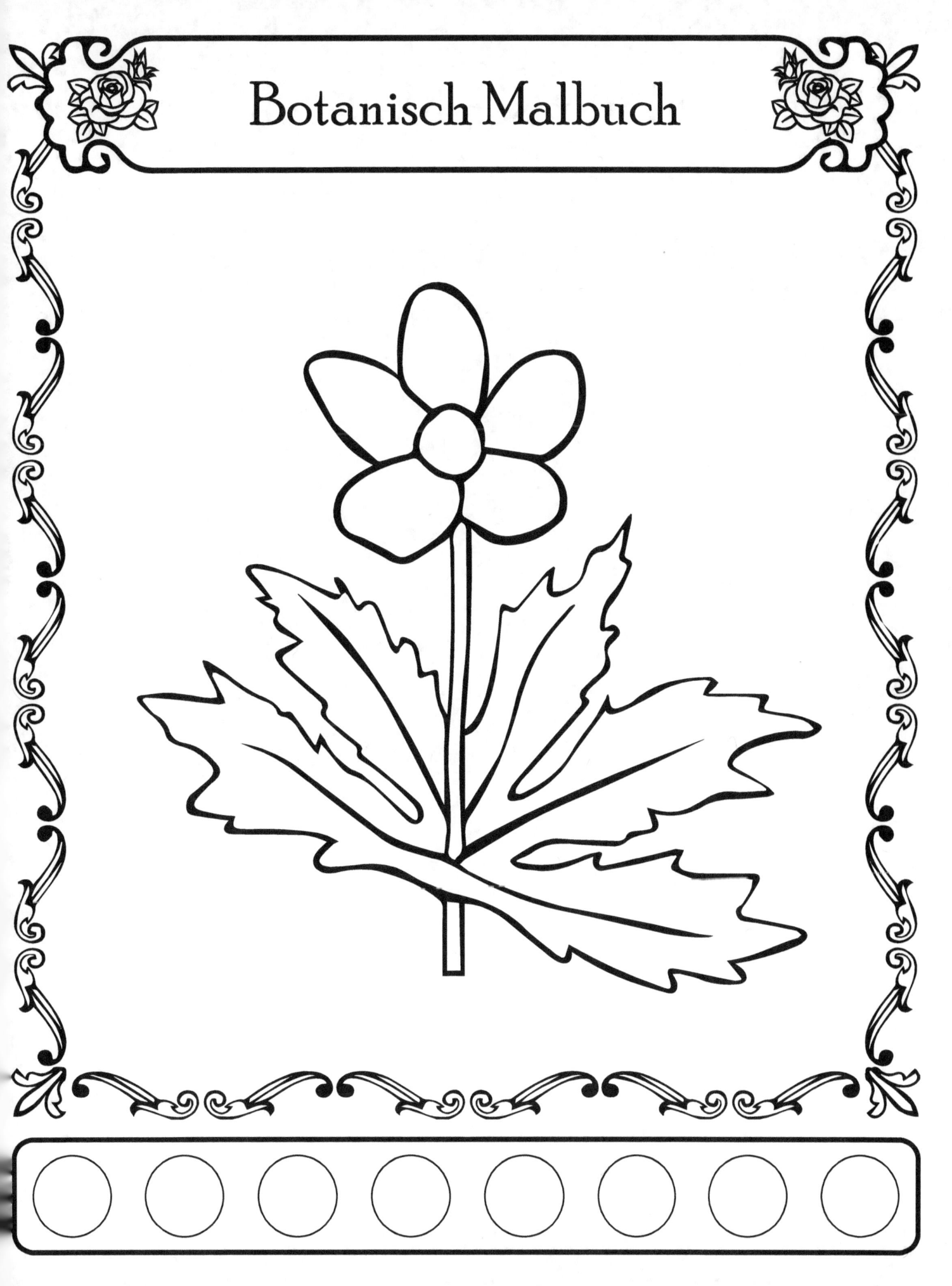

Botanisch Malbuch

Botanisch Malbuch

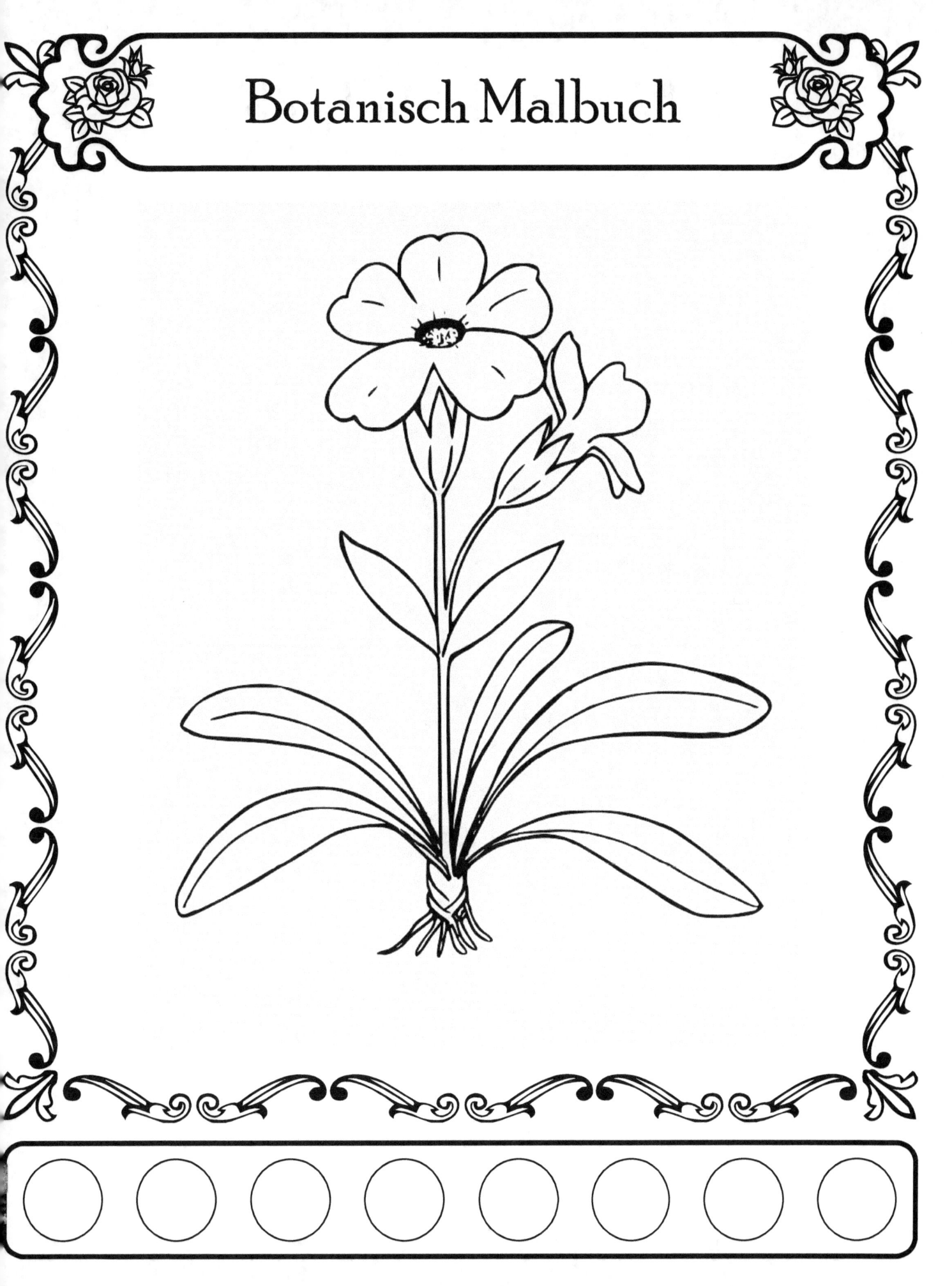

Botanisch Malbuch

Botanisch Malbuch

Botanisch Malbuch

Botanisch Malbuch

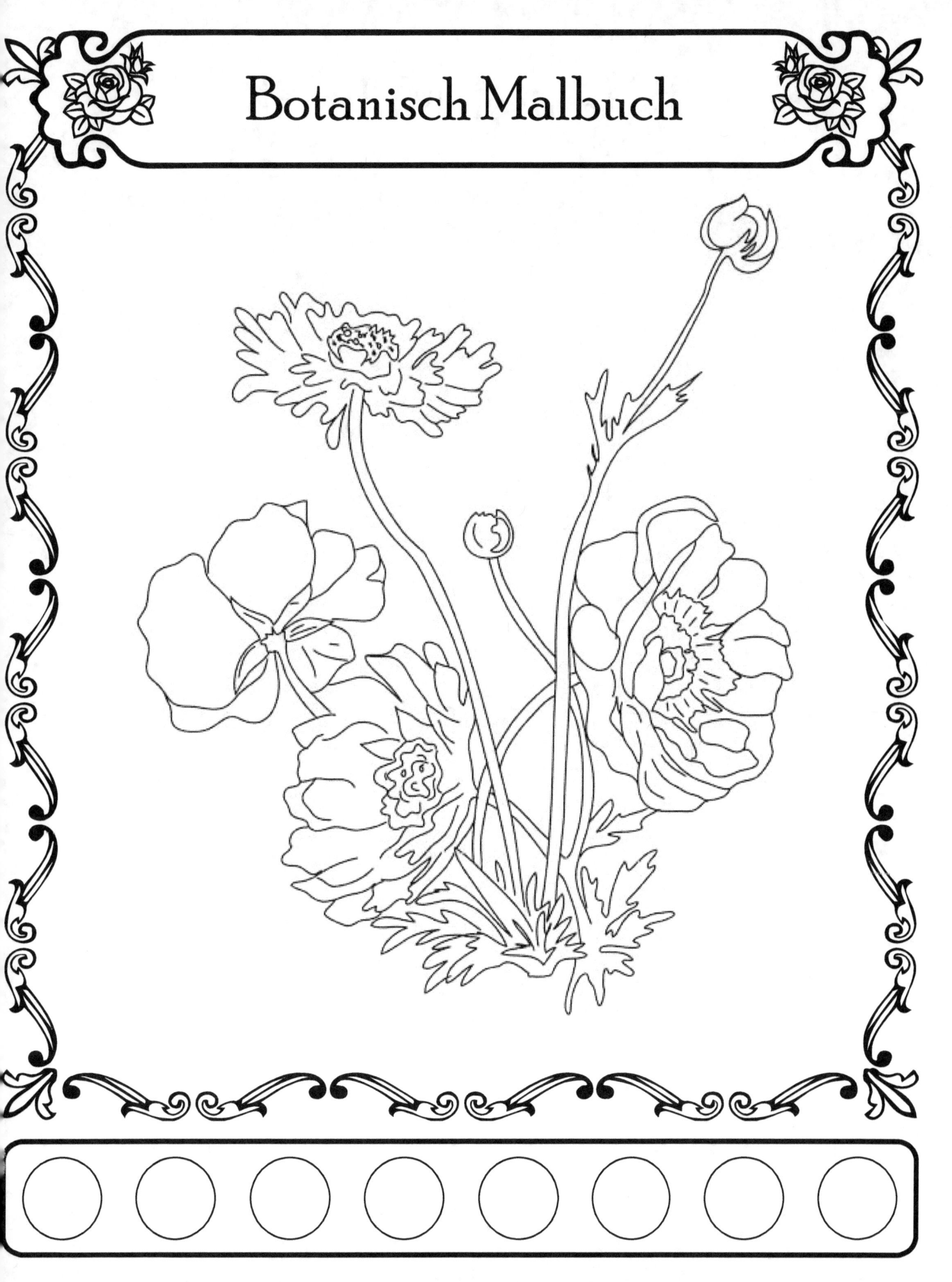

Botanisch Malbuch

Botanisch Malbuch

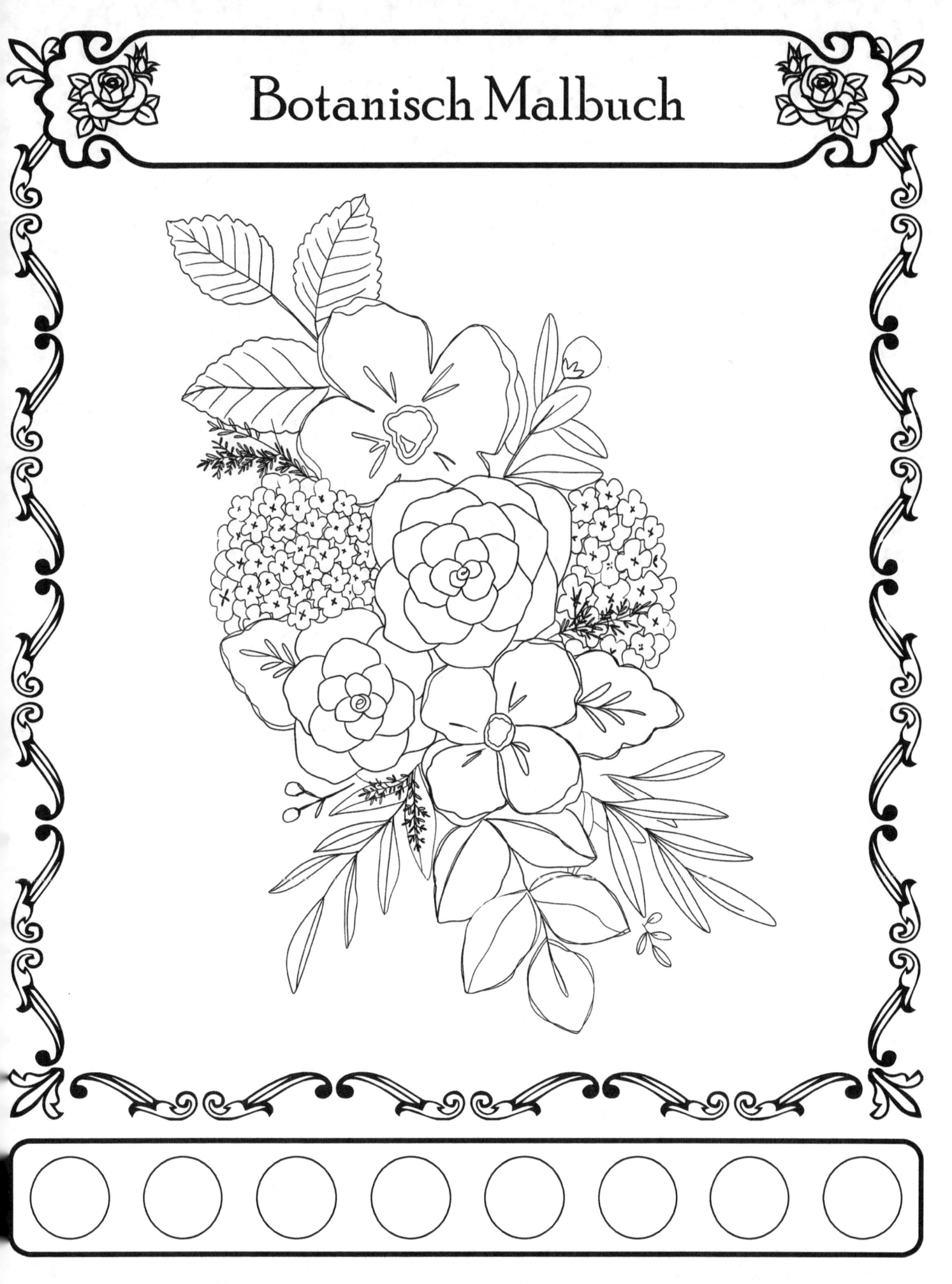

Botanisch Malbuch

Botanisch Malbuch

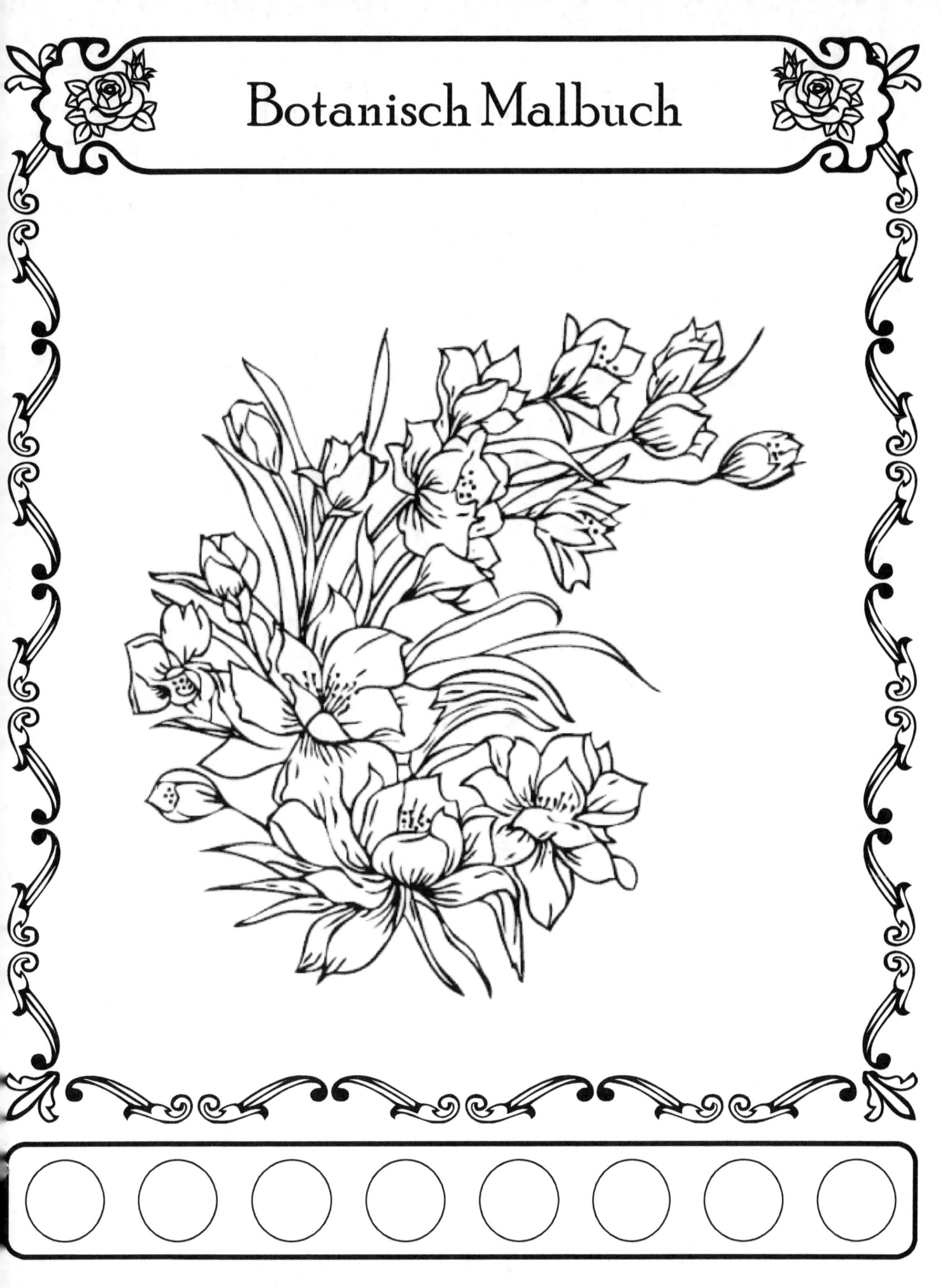

Botanisch Malbuch

Botanisch Malbuch

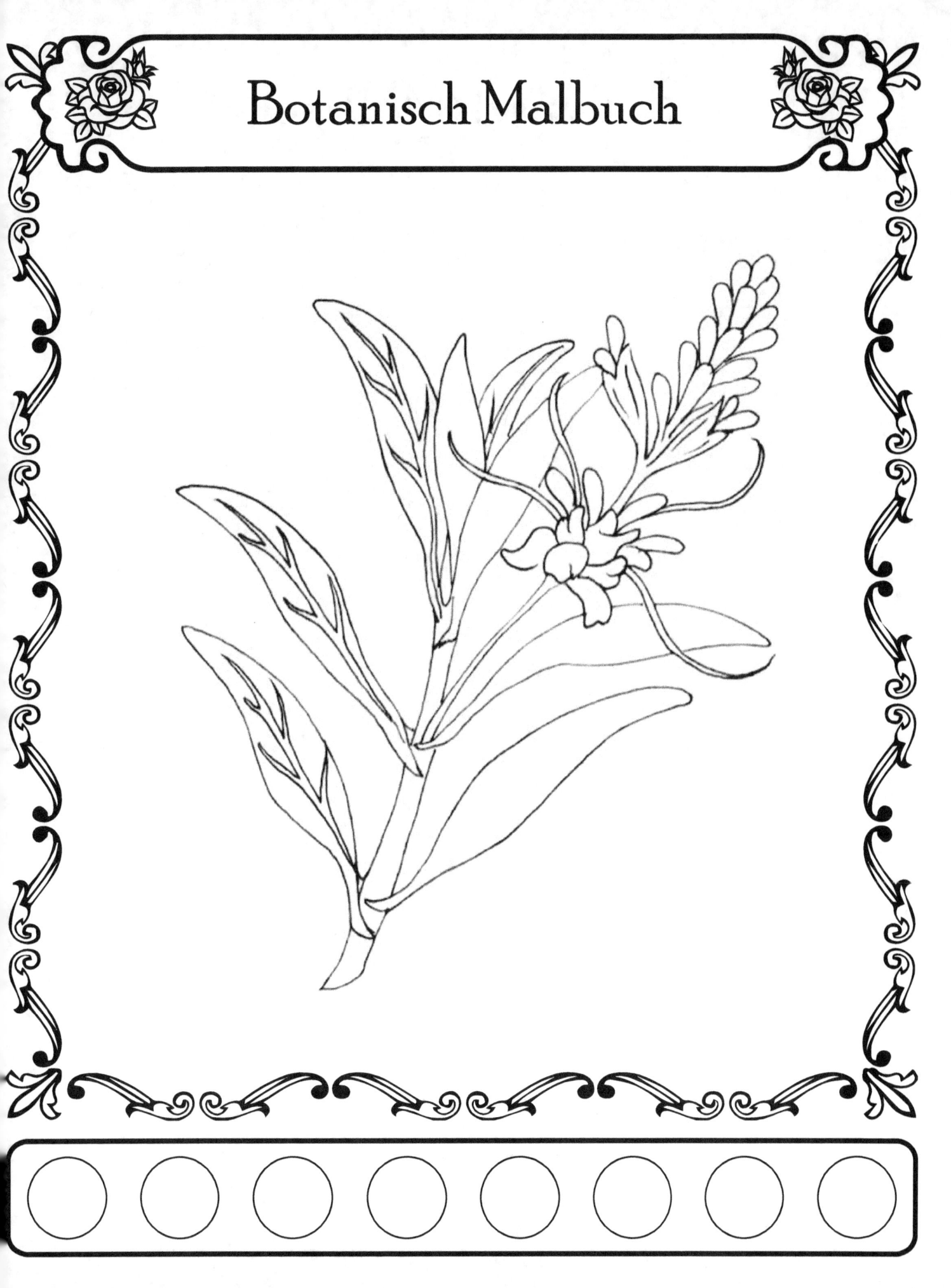

Botanisch Malbuch

Botanisch Malbuch

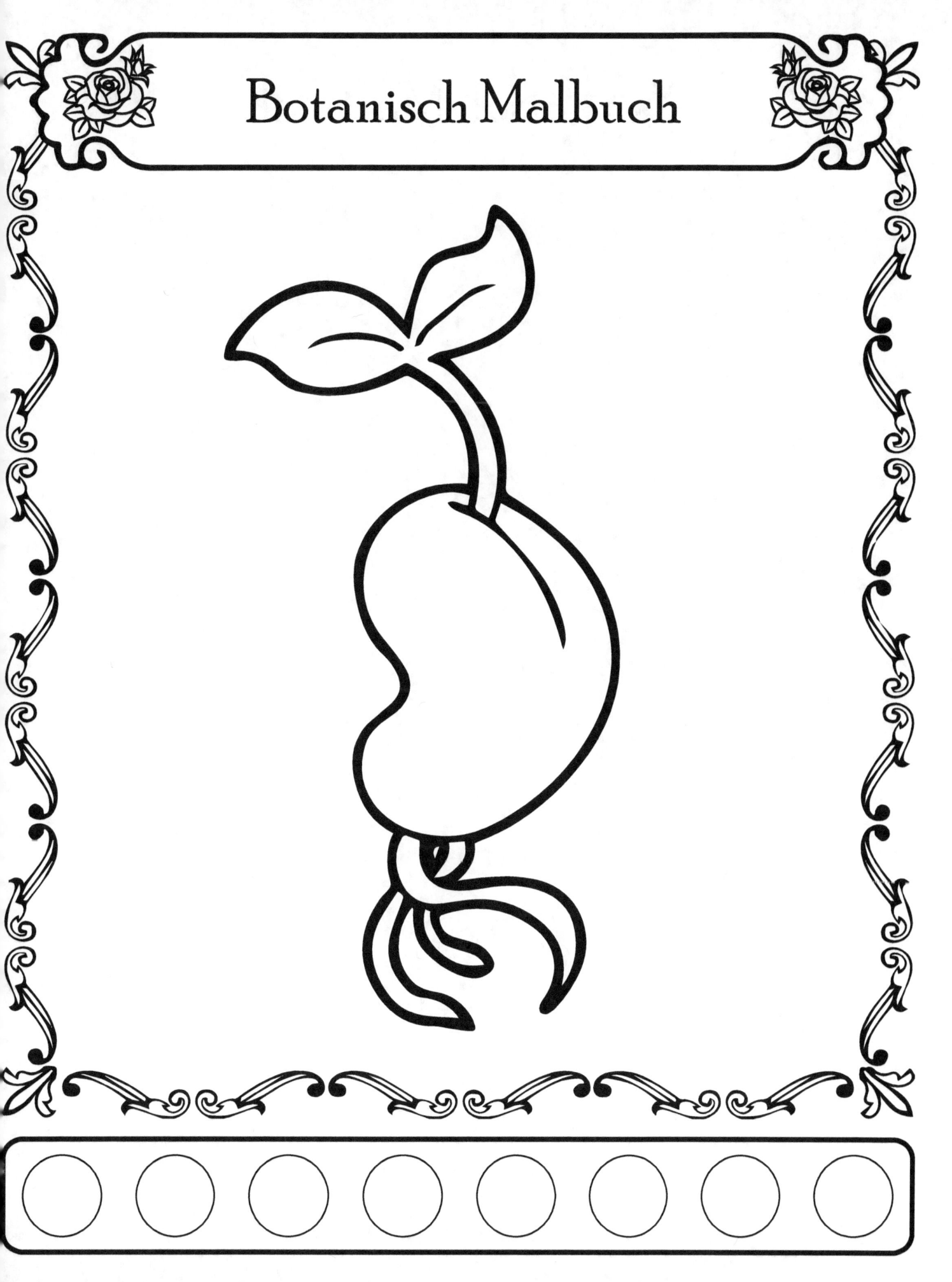

Botanisch Malbuch

Botanisch Malbuch

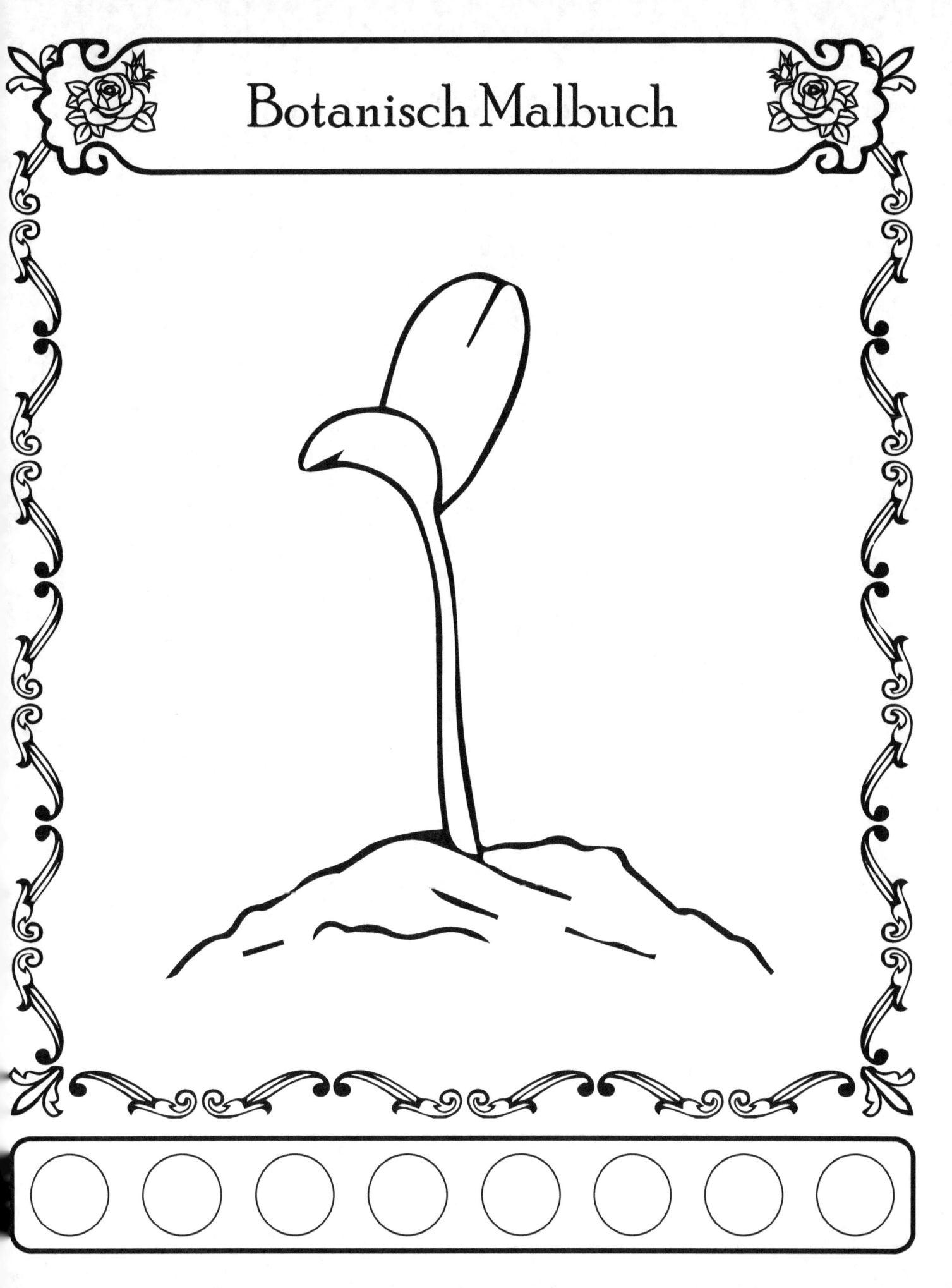

Botanisch Malbuch

Botanisch Malbuch

Botanisch Malbuch

Botanisch Malbuch

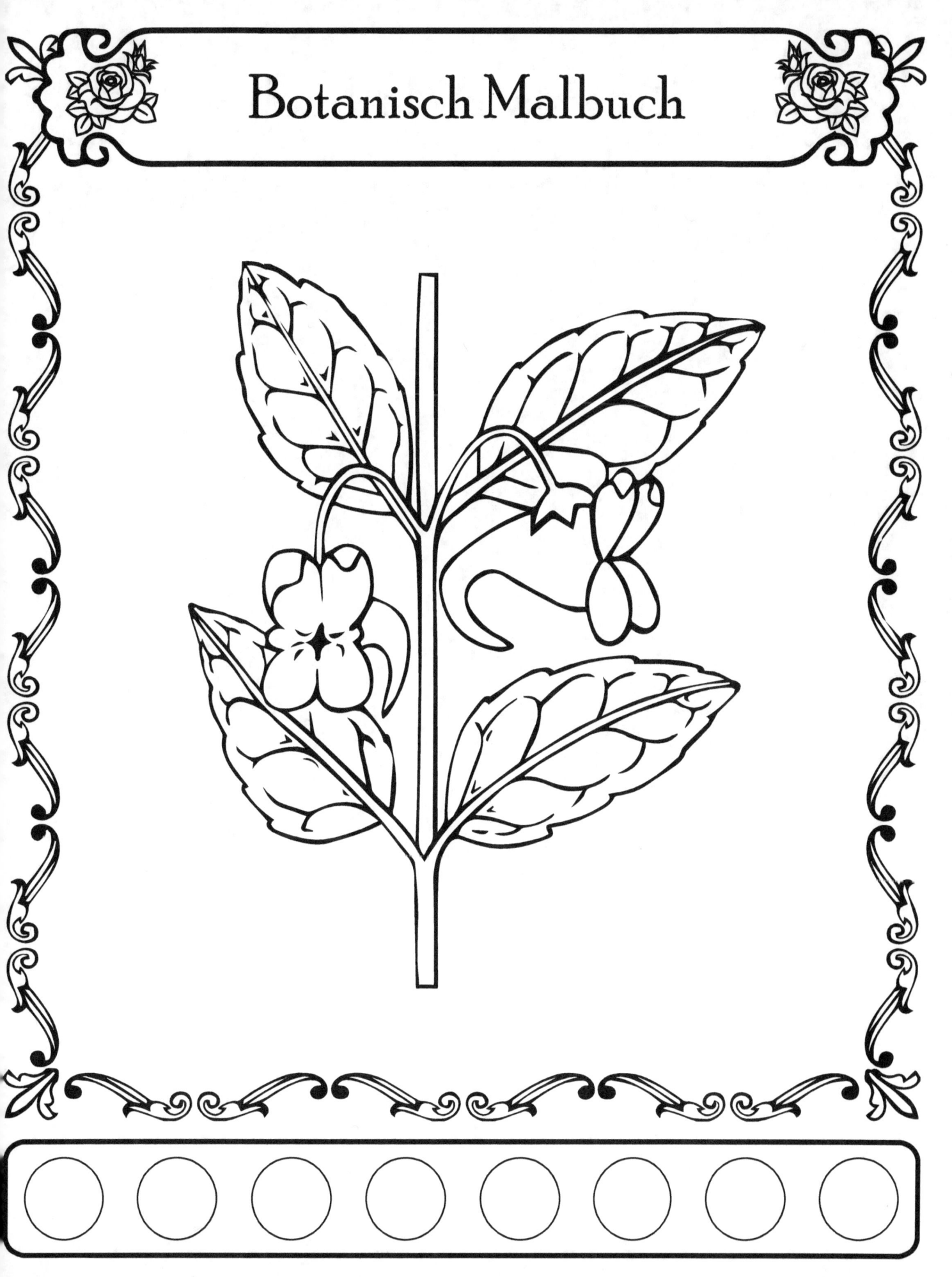

Botanisch Malbuch

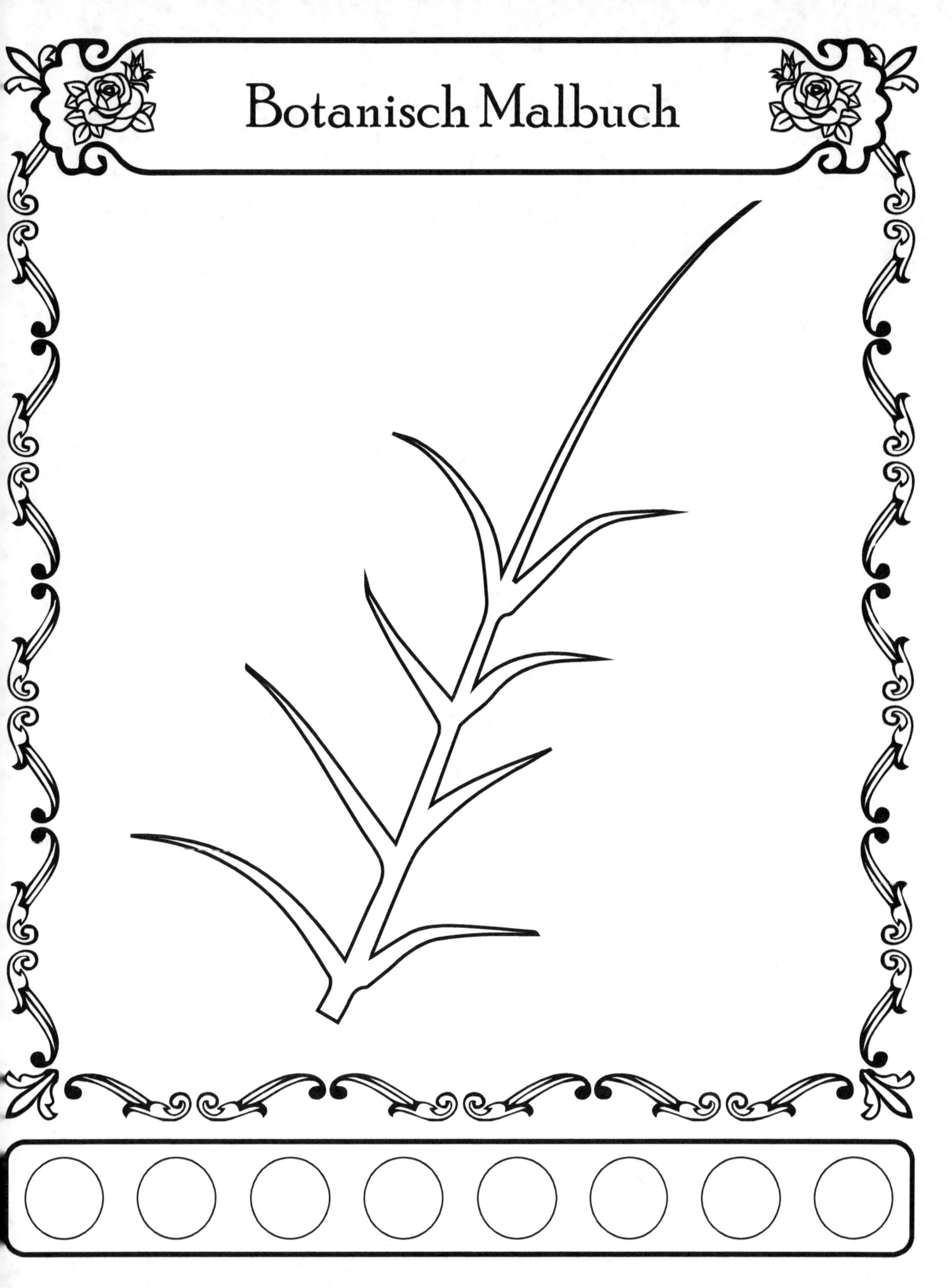

Botanisch Malbuch

Botanisch Malbuch

Botanisch Malbuch

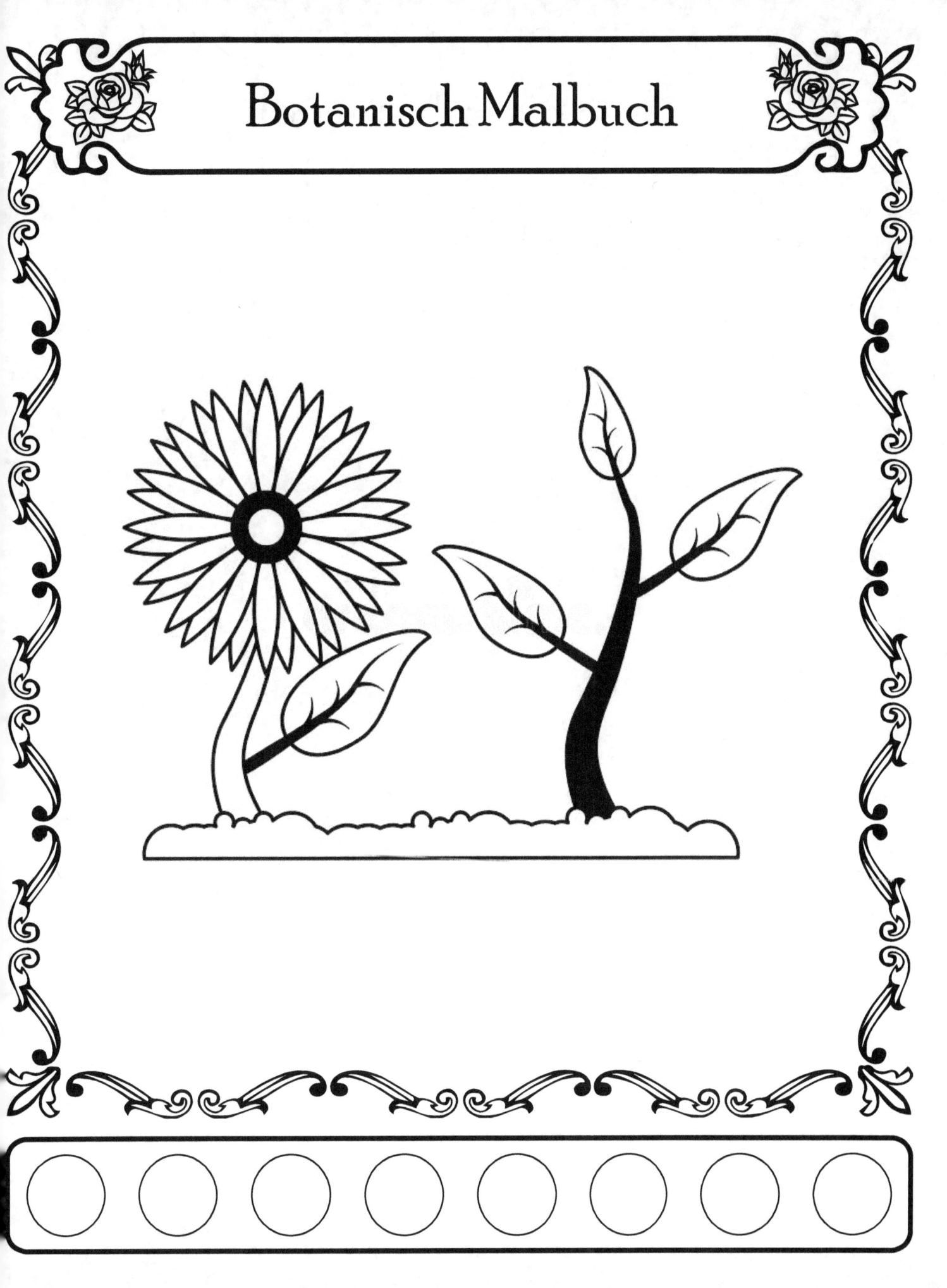

Botanisch Malbuch

Botanisch Malbuch

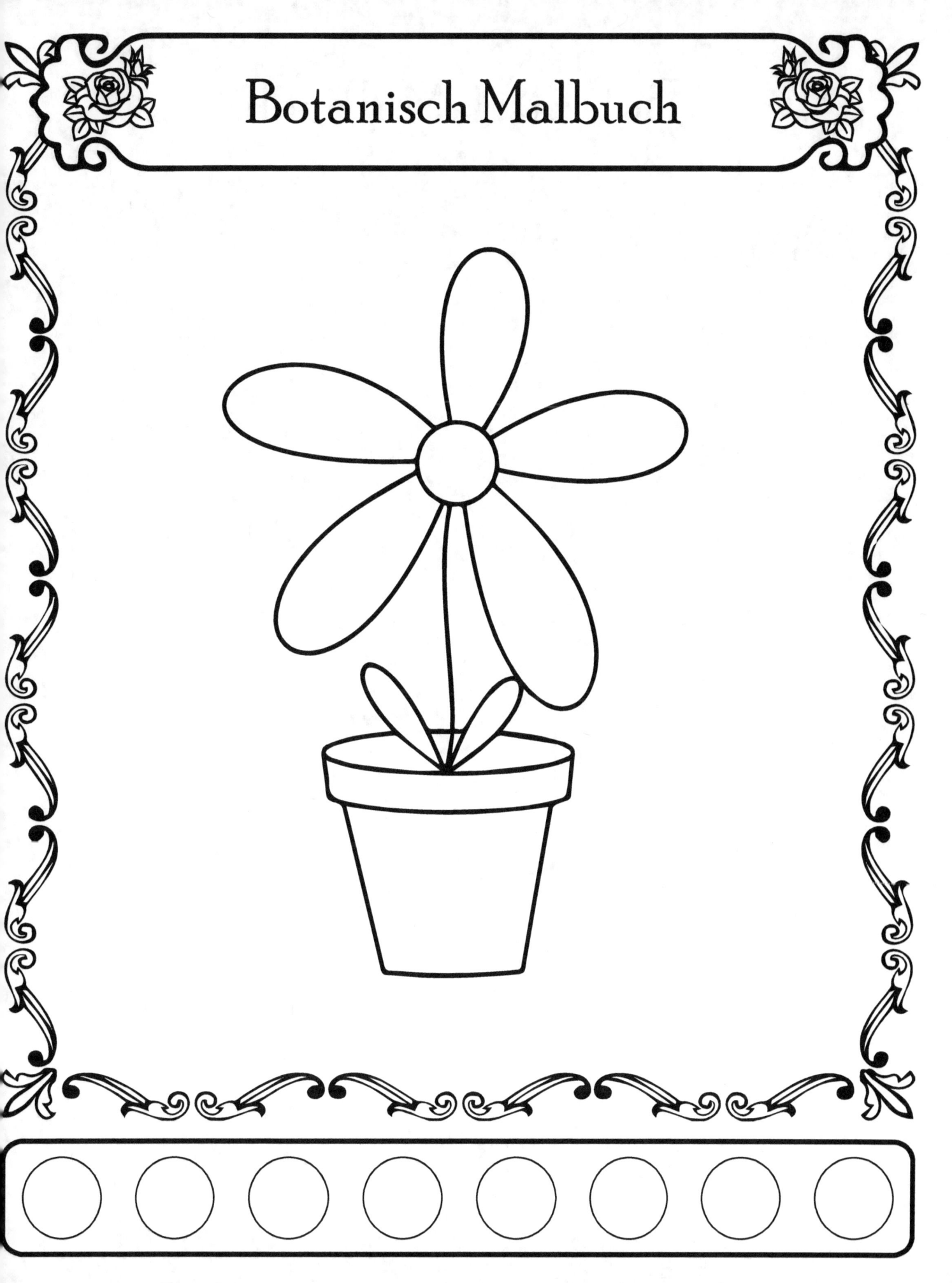

Botanisch Malbuch

Botanisch Malbuch

Botanisch Malbuch

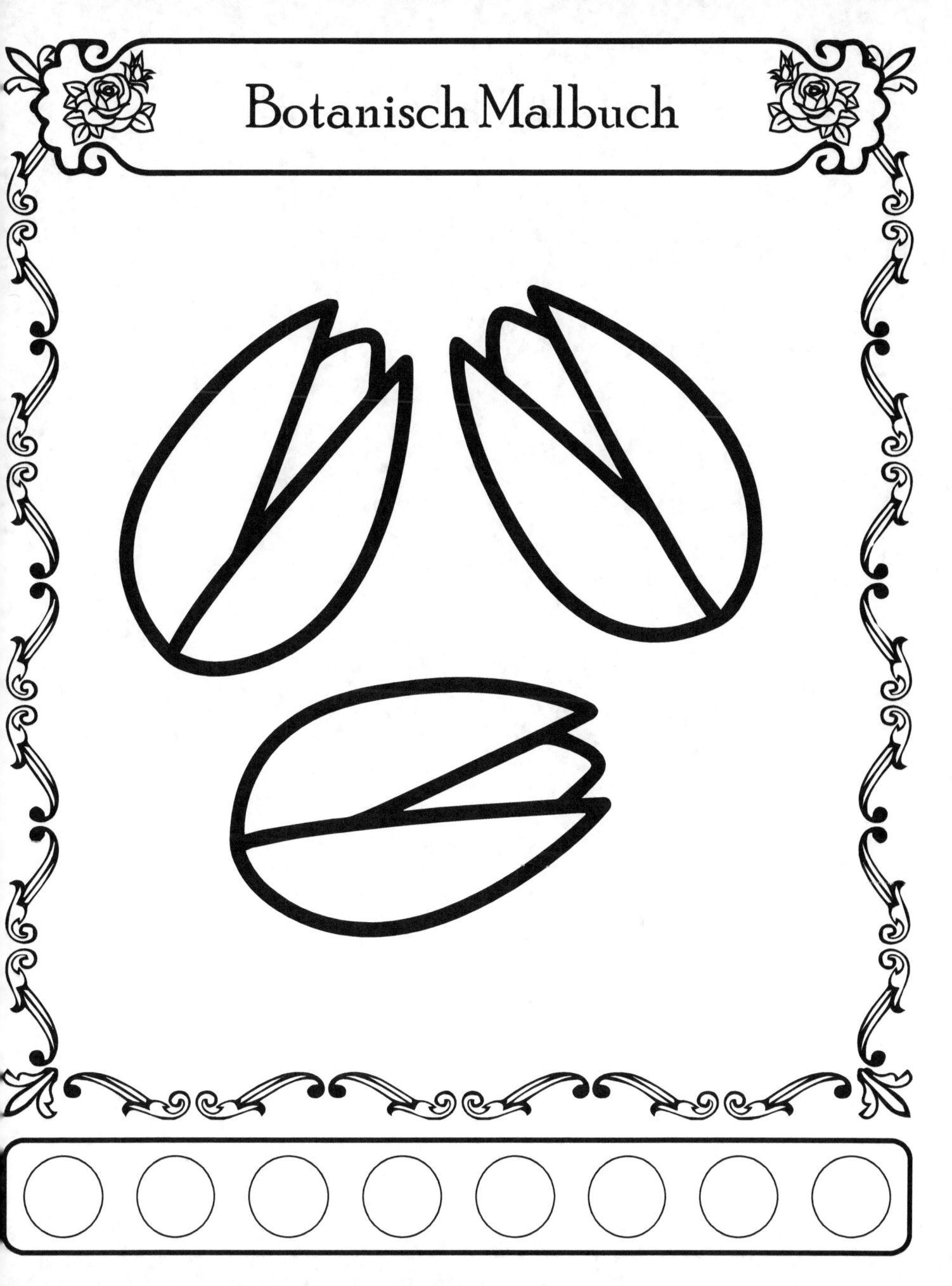

Botanisch Malbuch

Botanisch Malbuch

Botanisch Malbuch

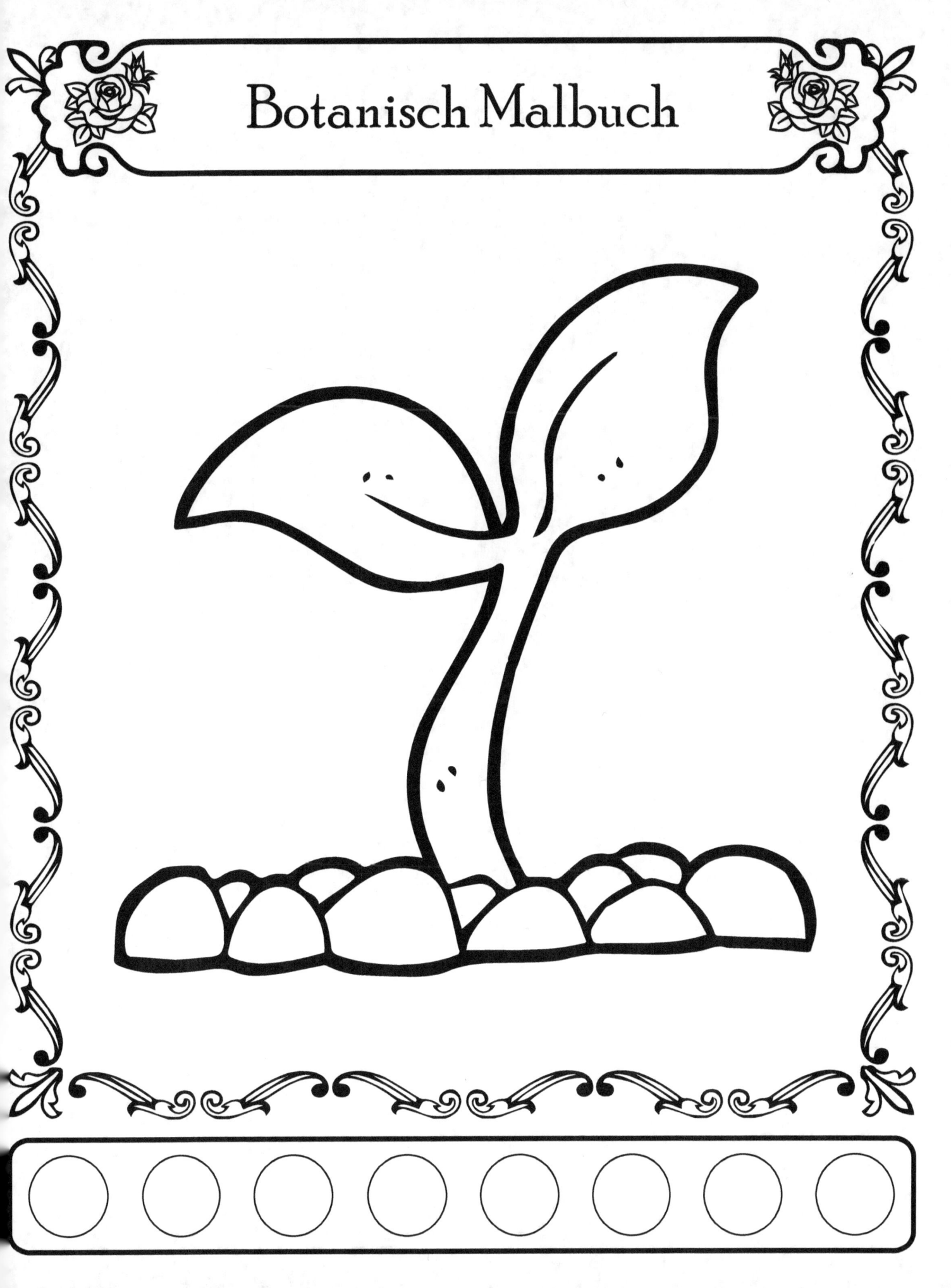

Botanisch Malbuch